数学悦读 奇幻之旅 ⑤

千龙吐水

本书编写组 编著

百花洲文艺出版社
BAIHUAZHOU LITERATURE AND ART PRESS

编委会

编者的话

本套书是一座知识的宝库，一个思维的乐园。这里，数学不再是枯燥乏味的公式或定理，而是一幅幅生动的画面，一个个充满魔力的故事。

在这套书中，每一段故事都仿佛带你置身一个奇幻世界。孩子们可以跟随书中奇幻团队的趣趣、创创、星星，还有百花洲文艺出版社的智艺之子洲洲，穿越时空的隧道，探索数学的奥秘。他们将与数学共舞，与知识为伴，感受数学的魅力，领略数学的美和趣。他们将在生活中用数学去发现、去应用、去创新，从而提升综合素质与能力。

本套书是由中国教育学会小学数学教学专业委员会学术委员、人民教育出版社小学数学教科书编委、教材培训专家组建的团队倾力编写的，编写人员由正高级特级教师、省学科带头人、省骨干教师组成。所选故事都是数学的灵魂，都是智慧的结晶。本套书以生动的语言描绘出数学的无穷魅力，让孩子们在阅读的过程中，情不自禁地沉浸其中，与书中的主人公一同成长，一同探索。通过阅读这些奇幻的数学故事，孩子们的思维方式、想象力、运算能力以及分析问题、解决问题的能力都将得到培养。

目录

变废为宝中的整数乘法

建筑中的大数据

主要人物介绍

趣　趣

性　　格　一个充满活力和好奇心的男孩。对周围的事物保持高度的兴趣和关注。

特　　长　会编程和艺术创作。精通多种编程语言，擅长绘画和设计，充满了创意和想象力。

处事类型　智能教育型。

创　创

性　　格　富有创新精神和想象力的男孩。总是能够迸发出新的想法和创意，并且乐于将这些想法付诸实践。

特　　长　创新设计和项目实施。具备出色的创意设计能力，能将不同的领域和元素融合在一起，创造出独特、新颖的事物。

处事类型　创新战略型。

星　星

性　　格　充满活力和热情的女孩。有自己的独特见解和追求，不轻易被他人左右。

特　　长　善于表达。具有探索新领域的能力，能做出快速反应，及时发现和解决问题。

处事类型　有效协调型。

洲　洲　百花洲文艺出版社常驻科技小灵猫

性　　格　聪明、好奇、勇敢的科技小动物。总是渴望探索新领域，发现新知识，虽然有时候有点急躁，但非常善良，乐于助人。

特　　长　机械维修，能够修复各种机械故障，熟知各类说明书。具备很强的学习能力和适应能力，能够快速适应新环境和掌握新任务。

处事类型　智能科技型。作为教育和娱乐的工具，帮助人类更好地了解科技知识，提高科学素养。

1 一张纸巾的奇妙之旅

今天游学走了
太多路！
现在是下午 5 点 36 分，
趣趣爸爸要带我们去小
区门口的餐馆吃饭了！
真饿了。

现在已经是下午6点26分，吃得太饱了。
星星，我们这顿饭吃了多久，你知道吗？
停！不能扔到厨余垃圾桶！
5时86分-5时36分=50分
用过的纸巾不是厨余垃圾，是其他垃圾！
创创，我现在回答你，我们吃饭用了50分钟。
哦哦！知道了！

这张使用过的纸巾的“命运”会如何呢？一直待在其他垃圾桶里吗？
对对，我也想知道。
我们去了解这张纸巾的“旅程”吧！
每天一大早，垃圾会被运走，再集中处理。
好耶好耶。
那我们明天一大早就来跟踪这张纸巾的“旅程”。
趣趣，你能坚持不？
能，没问题，读万卷书，也要行万里路呀！

一大早，趣趣爸爸带着趣趣、创创、星星、洲洲赶到小区门口，等待垃圾装卸车的到来。
快看！装“其他垃圾”的垃圾车来了！
我还没睡醒呢！
对呀，大清早就来倒昨天的垃圾，才可以保持小区一天的清洁！
垃圾清理工人好辛苦呀！每天都起这么早！
我们的垃圾装卸车越来越机械化了。

看，大机械手。
这样可以减少工作人员的劳动量，提高运送其他垃圾的效率。
好先进呀！
叔叔，这些其他垃圾要运到哪里去呢？
我的那张纸巾被运走了。
谢谢叔叔！
要运到垃圾处理中心，再把这些垃圾变废为宝呢！

其他垃圾是如何变废为宝的呢?
趣趣爸爸，你带我们去探个究竟吧!
好的，我来查询一下垃圾处理厂的具体位置，我们开车去。
查到了，全程17.3公里，用时大概20分钟。出发!
17.8公里=17800米
17800米÷20分=890米/分
好难闻呀!
这是垃圾车在倾倒垃圾。

新运来的垃圾会在垃圾储坑里自然发酵 5 ~ 7 天，这样可以减少入炉后的水分。垃圾送入焚烧炉后，依次在炉排干燥段对垃圾进行高温干燥处理，再推送到燃烧段持续加热让垃圾高温燃烧，最后在燃烬段停留，确保垃圾在 850℃ ~ 1100℃高温下得到充分燃烧。
这些垃圾焚烧后去到哪里了呢?

垃圾经过焚烧产生的热能推动汽轮机发电，转化为我们的家庭用电，燃烧后产生的炉渣还可以用来制作建筑用砖，进行循环综合利用。
垃圾贮料仓
“吃”进垃圾，“吐”出电，太神奇了！
我的那张纸巾就被循环利用了！
垃圾焚烧发电既可以处理垃圾，又可以通过焚烧发电供居民使用。

数学脑洞

根据工作人员的介绍，如果每人每天平均产生约 1 千克垃圾，趣趣一家有 4 口人，一年大约产生垃圾多少千克？如果 1 吨垃圾可以发电 600 千瓦时，趣趣一家一年产生的垃圾约能发电多少千瓦时？（按一年 365 天计算）

2 “废”作业本的奇妙之旅

趣趣，今天你的作业写完了吗？
正在努力哦，快写完了。
这本是我上学期用完了的作业本，是什么垃圾呢？
这个呀，是可回收垃圾。
可回收垃圾的“命运”最终又是怎样的呢？
这个是不是也能焚烧发电呢？
这个焚烧发电，就太大材小用了！
我们明天继续去揭秘吧！
好主意！

卡车来了！
这么一大卡车装的是什么呀？
这就是废纸专属的旅行大巴哦！
这一车都是废纸吗？
是的，可回收垃圾运到分拣中心后，再进行分拣，根据不同种类的可回收垃圾，送到对应的再生资源回收工厂。这里是废纸再生资源处理厂。
赶快进去，看看废纸在这个“再生乐园”里是如何再生的吧！

这些废纸将被投到粉碎机中进行粉碎。
一块块好大的砖头呀！
什么眼神呀！这可是打包压缩好的一大捆一大捆的废纸呢！

这是纸浆里过滤出来的金属等非纸材料，有一大部分是书中的装订针，还有一些铁钉。
那我们以后丢废纸的时候，最好从废纸里把金属类东西拆出来，做到提前分拣。
减少使用，重复利用，循环再生，让环保成为生活的一部分。

好多橡皮泥呀！
这可不是橡皮泥哦！这是废纸粉碎后，打成细小的纤维状，再加入开水搅拌成糊状的纸浆。
厉害呀！
机器过滤掉纸浆里的油墨后，在纸浆池中加入过氧化氢漂白剂将纸浆漂白，再加入化学湿强剂变成白色，通过机器的切割和包装，就是我们平时购买的再生卷纸了！
好神奇呀！我的作业本又变成卷纸了！
原来白色是这样得来的。
再生纸！

数 学 在 线

1 吨废纸可生产品质良好的再生纸 850 千克，节省木材 3 立方米，同时节水 100 立方米，节省化工原料 300 公斤，节煤 1.2 吨，节电 600 千瓦时，按生产 2 万吨办公用再生纸的量来计算，一年可节省木材 6 万立方米，相当于保护 52 万棵大树，或者增加 3.47 平方千米森林。

数 学 脑 洞

按照上面标准，用 4 吨废纸可生产多少千克再生纸？

3 鱼骨的奇妙之旅

我们最爱的糖醋鱼。
那鱼骨是什么垃圾呢?
和我们的剩饭剩菜一样都是厨余垃圾。
厨余垃圾的“命运”最终是怎样的呢?
明天还是让我爸爸继续带我们去揭秘吧。

这么多运输厨余垃圾的车呀！
我闻到了糖醋鱼的味道！
洲洲，那是厨余垃圾的馊味。
现在人们的生活水平越来越好了，厨余垃圾也多了！
厨余垃圾可以用来发电吗？
当然可以，还可以生产出生物柴油呢！

运过来的厨余垃圾要先经过机器进行筛选，分离出筷子、玻璃等杂物，便于后续微生物的接触和分解。
那我们投放时要尽量分开。
我们用过的一次性筷子也分离出来了！
对，这样便于工厂对厨余垃圾的处理，提高处理效率。

哇！这是矿泉水吧！
这可不能喝，这是厨余垃圾中食用过的废油，经过转化变成生物柴油，可以和传统的石化柴油混合，作为车辆的燃油，非常的清洁。每 1 吨生物柴油的使用可以有效减排约 3 吨二氧化碳。
5 吨生物柴油就可以减排约 15 吨二氧化碳。
这样就可以减少燃油对空气的污染了。

这个大球是用来存储从厨余垃圾中分离出的沼气的球体仓。沼气是清洁能源，可以直接用来发电，供给居民使用。
糖醋鱼的骨头用处还真大！
这不仅仅是糖醋鱼的骨头的功劳，也是所有厨余垃圾的功劳。
这样厨余垃圾就变成了清洁能源。
垃圾分类投放，变废为宝！

某社区试点运行了厨余垃圾资源化一体机，在社区内将厨余垃圾转化为植物营养土，既满足了居民家里花草种植的需求，又能用于社区园林绿化。如果社区的居民每天能自行处理 1000 公斤左右厨余垃圾，并转化出 100 公斤左右营养土，营养土用于奖励社区居民的垃圾分类工作，在社区内部形成“绿色微循环”。

4 千龙吐水

故宫，又叫
“紫禁城”。
现在已经变成故
宫博物院了。

古代皇帝有“三宫六院”，这么说故宫一定有很多间房间吧。
我猜有 10000 间!

传说故宫有9999间房，实际上只有8707间。
如果我每天住一间房，全部住一遍得花上多少年呀？

大约24年。
优秀！口算真快！

糟糕，要下大雨了。
太好了，可以欣赏“千龙吐水”了！
什么？千龙？快说快说，在哪里？
见证奇迹的时刻马上就到。

螭首雕刻上的螭，是一种无角之龙，传说是龙生九子之一，螭的特点是嘴大肚长，身体内能容纳非常巨量的水，所以多作为中式建筑中的排水口装饰，称为“螭首散水”。在故宫的三大殿——太和殿、中和殿、保和殿的须弥座台基四周都有汉白玉栏杆围护，龙凤云纹的望柱下伸出一个石雕龙头，这就是螭首，它用来排除殿区内积水。暴雨来临，1000多只螭首可呈现千龙吐水的壮观景象！

猜猜每个汉字分别代表数字几？

	故	宫	博	物	院
x					4
	院	物	博	宫	故

故 宫 博 物 院

? ? ? ? ?

5 东方巨龙

俗话说：不到长城非好汉！那我们去长城吧！
好耶好耶！我要做好汉了！
我也可以的。

这是世界历史上伟大工程之一，
它的修建持续了整整 23 个世纪，
总长度 21196.18 千米。
哇！要建这
么久啊！

长城分布于 15 个省区市，在中国山川上蜿蜒、流转，越群山、经绝壁、穿草原、跨沙漠，宛如一条巨龙！这条神秘的巨龙汇聚了中国历代古人的智慧和汗水，凝聚了中华民族勤劳勇敢的精神和无穷的智慧。

长城的起点山海关，高约 15 米，它的每个地基块都是重达 2~3 吨的花岗岩，每个地基块都用铁圈牢固地固定在一起，地基上面是 9 层硬石砖。
怪不得它能够防止石头随潮而漂，可以抵抗海浪拍打。

真坚固。

长城可是古代中国的一项伟大工程啊！
长城的建造历经两千多年，它的坚固保障了古代中国的安全和稳定。

长城的设计人员不仅要确保自己能站得高，视野开阔，还要方便迎敌，不仅需要从正面防守，而且还要能从侧面反攻。此外每隔开 150 米左右，都会有一个哨塔，可以使监视范围覆盖更广，在一些比较重要的关卡，还会修造支墙，形成夹击。可以说长城的每一个角落都有它的价值所在。
怪不得长城都是弯弯曲曲的！

这种设计真是巧妙！除了具有军事性功能，还考虑了地形。

有人说“长城是唯一能够在月球上看到的人造工程！”
事实上，从30公里外看长城，就会变得模糊不清，不可辨认。而飞到2000公里高的近地轨道上看几米宽的长城，就跟在50公里外，想要看清一根头发丝似的，这是根本不可能的！更别说是从约38万公里外的月球上看了。
真相不一定可爱，但可敬。

北京一带的长城城墙，是修筑得较为完善的一段。这段墙体平均高 10 多米，底部宽 7 ~ 8 米，墙顶宽 4 ~ 5 米。砖砌城墙的墙砖长约 0.4 米，宽约 0.2 米，厚约 0.1 米，重约 15 千克。

亲爱的小朋友们，请你们动手算一算左边这块空缺部分的周长是多少。

数学脑洞

北京明长城最高点在哪里？（　　）

A. 长峪城高楼　　B. 延庆九眼楼

C. 司马台望京楼　　D. 门头沟黄花梁墩台

答案：

D

6 运动的“摇篮”

我们今天去“鸟巢”哦！
鸟巢？我可以去掏鸟蛋了！
哈哈！你可以去掏个“巨大的鸟蛋”！
我能抱得下吗？
别磨叽了，赶快走吧，再不走太阳都要下山了！

鸟巢在哪呢?
这就是我们要找的“鸟巢”。

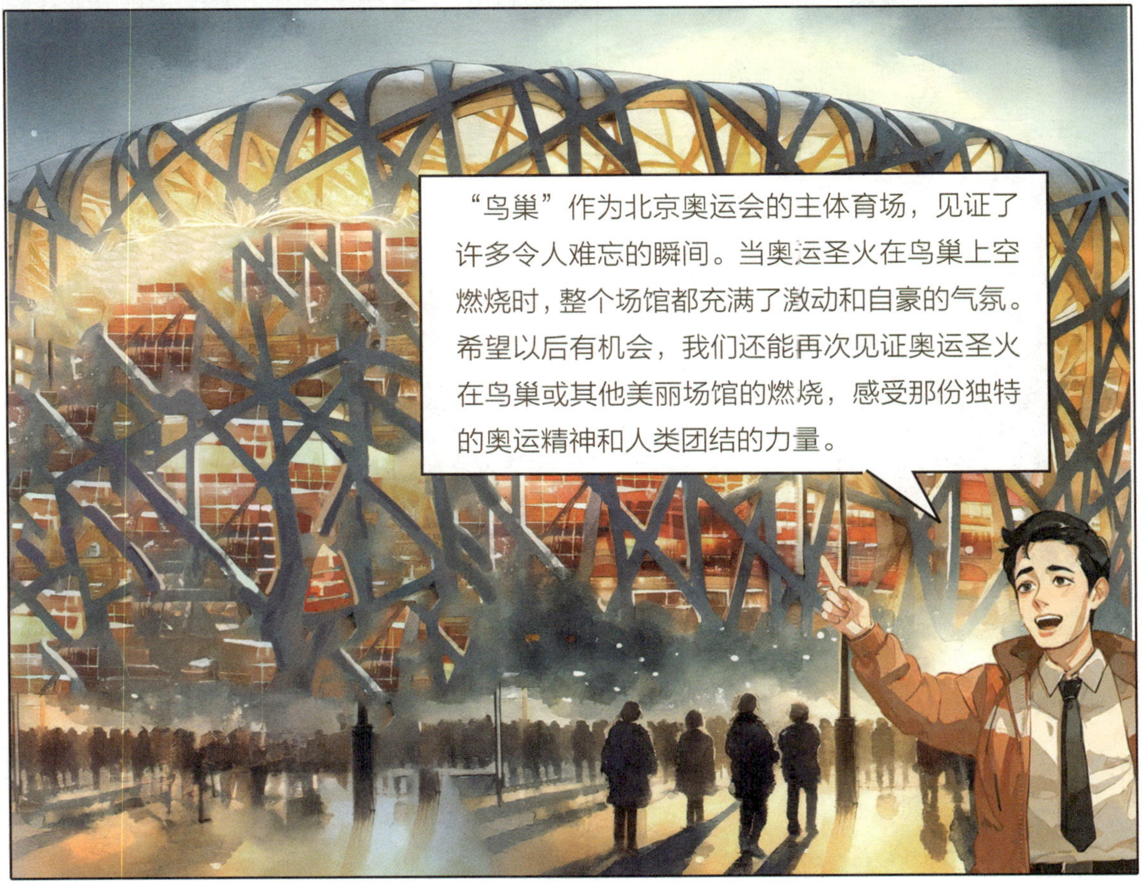
“鸟巢”作为北京奥运会的主体育场，见证了许多令人难忘的瞬间。当奥运圣火在鸟巢上空燃烧时，整个场馆都充满了激动和自豪的气氛。希望以后有机会，我们还能再次见证奥运圣火在鸟巢或其他美丽场馆的燃烧，感受那份独特的奥运精神和人类团结的力量。

“鸟巢”作为国家体育场，设计师在设计时考虑得非常周到，奥运会结束后，没有任何多余的处理，依旧对外开放，成为北京市民健身和运动的大型专业场所。
以人为本的“鸟巢”。

科技的力量。

“鸟巢”主体结构设计使用年限达到 100 年，整体结构暴露在外，自然而然地形成了建筑外观。鸟巢有固定座位 8 万个，临时座位 1.1 万个，在没有比赛的时候这里经常举办演唱会和盛大的体育活动，成为全国具有标志性的体育娱乐建筑。

数 学 在 线

Q460 钢材：“鸟巢”外形结构主要由巨大的门式钢架组成，共有 24 根桁架柱。鸟巢结构设计新颖，最大跨度达 333 米，总重 4.2 万吨，构件造型有 H 型、T 型等。因此建筑用料的使用是一项极大的挑战，这次搭建它的钢结构的 Q460 是一种低合金高强度钢，它在受力强度达到 460 兆帕时才会发生塑性变形，这个强度要比一般钢材大，因此生产难度很大。这是中国国内在建筑结构上首次使用 Q460 规格的钢材；而这次使用的钢板厚度达到 110 毫米，是以前绝无仅有的。在中国的国家标准中，Q460 的最大厚度也只是 100 毫米。为了给“鸟巢”提供“合身”的 Q460，2005 年，河南舞阳钢铁公司的科研人员开始了长达半年多的科技攻关，前后 3 次试制终于获得成功。2008 年，4.2 万吨自主创新、具有自主知识产权的国产 Q460 钢材撑起了“鸟巢”的铁骨钢筋。

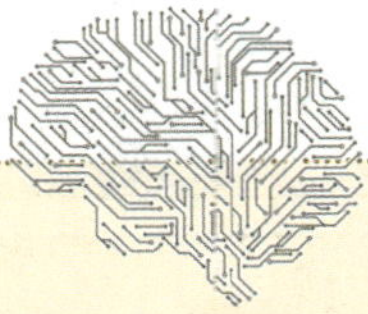

数 学 脑 洞

亲爱的小朋友们，了解了令人惊叹的钢结构建筑奇迹——“鸟巢”，还等什么，赶紧动手设计一款自己独创的、美观且新颖的“鸟巢”吧。

鸟巢的制作

1. 鸟巢的材料容易找，我们每个家庭都有酒盒子、奶盒子、蛋糕盒子、塑料瓶、花盆、木板及纸质较好的小物品的包装盒子等，一些废弃物品都可以制作；
2. 使用的工具简单，如小刀子、剪刀、锥子、双面胶、铅笔等；
3. 凡设计美观的、新颖的鸟巢均可以申请获得知识产权（外观设计专利）。

7 汽车的“身份证”

星星说得对，不能听他瞎指挥。
机动车闯红灯一次记 6 分，处警告或 20 元以上 200 元以下罚款。

这么多车，况且开得那么快，怎么知道谁闯红灯呢？
智能眼。
汽车和我们一样有“身份证”——汽车车牌。
每个路口都有电子眼，交警可以通过电子眼拍下的汽车车牌找到车主。

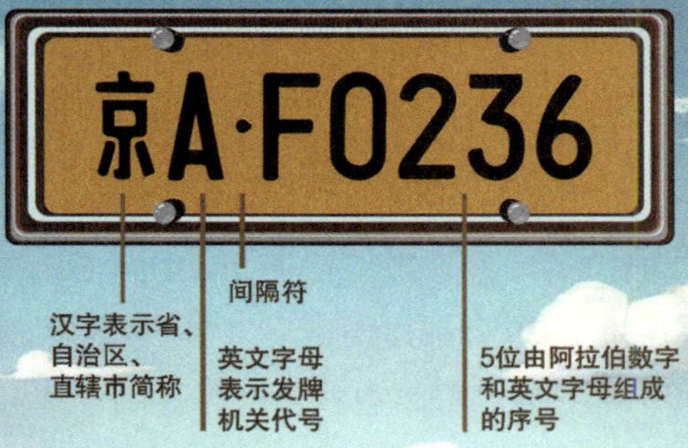

汽车车牌号上，既有文字，又有数字，还有大写字母，这有什么特殊意义吗？

一般来说是8位，1位汉字表示省、自治区、直辖市简称；1位英文字母表示发牌机关代号；1位间隔符；5位由阿拉伯数字和英文字母组成的序号以及用汉字表示的专用号牌简称。

【大型汽车】

指乘坐人数（驾驶员除外）20人（含）以上的载客汽车、总质量4.5吨（含）以上或车长6米（含）以上的载货汽车或者专项作业车、电车。它们的车牌都是黄底黑字，黑框线。

【挂车】

指需由汽车或拖拉机牵引，才能在道路上正常使用的无动力车辆，它们的车牌都是黄底黑字，黑线框，但在末尾加上了一个“挂”字，也就是一种专用号牌。

【小型汽车】

指乘坐人数（包含驾驶员）不超过 9 人的载客汽车、总质量不超过 4.5 吨或车长 6 米以下的载货汽车或者专项车，它们的车牌都是蓝底白字，白线框。

【使馆汽车】

驻华使馆的汽车，一种特殊的号牌，这种号牌黑底白字，红“使”字，白线框。

【领馆汽车】

驻华领事馆的汽车，这是一种专用号牌，这种号牌黑底白字，专用汉字为红“领”字。

【教练汽车】

指教练用汽车。这种号牌黄底黑字，黑“学”字，黑框线。

【警用汽车】

指汽车类警车，这也是一种专用号牌，这种号牌白底黑字，红“警”字，黑框线。

【新能源汽车】

新能源汽车号牌目前分为小型汽车、大型汽车，其中小型汽车号牌为渐变绿底黑字黑框线，大型汽车号牌为黄绿双拼底黑字黑框线，间隔符用一个英文字母“E”（左边）和一个电插头（右边）组成的图案代替。新能源汽车的号牌与普通汽车的号牌相比，序号要多一位，是 6 位，小型汽车中多的是第一位，这一位代表该小型汽车是纯电动还是非纯电动（包括插电式混合动力和燃料电池汽车等）。如果第一位是 D，则是纯电动；如果是 F，则是非纯电动。大型汽车则多的是最后一位，规则和小型汽车一样。

数学在线

除了新能源车牌，车牌的间隔符后面为什么一般是五位数？为什么宁可增加英文字母，也不去增加一位数字呢？坚持 5 位数的车牌，可不是随便决定的。根据科学研究，人脑最容易记忆、识别的就是 5 位数的数字，不管这 5 位数的排列组合有多么复杂，多么没有规律，人脑都能够快速记忆。

数学脑洞

伪造车牌“显眼包”，交警一眼就认出了是假车牌，为什么？

8 商品在全球流通的唯一“身份证”

哇，好丰富哟！
这些货品需要多少钱啊？我们的钱够吗？
我们用自助机扫一扫条形码就知道价格了。

为什么扫条形码就知道价格了？它们长得都十分相似，是不是有什么规律？
我只知道条形码有 13 个数字。
我要把我的眼睛训练成可以扫条码。

这个规律嘛，我也不知道。不过我们可以去中国物品编码中心咨询一下。

在全球范围内，国际物品编码组织（GS1）负责全球商品条码的管理和分配，是一个全球性的、中立的非营利组织，目前，共拥有 100 多个成员组织。国际物品编码组织（GS1）总部设在布鲁塞尔。

商品条码不仅是商品的“身份证”，还是全球流通的“通行证”。它能使商品在世界各地被扫描识读，能使全球的商品和商品信息快速、高效、安全地传递。商品条码在国际范围内应用发展历史已经超过 50 年。

以条形码 6941049760178 为例，此条形码分为 4 个部分，从左到右分别为：

第 1~3 位，共 3 位数，对应该条码的 694，是中国的国家代码之一。（690 ~ 699 都是中国的代码，由国际物品编码组织分配）；

第 4~8 位，共 5 位数，对应该条码的 10497，代表着生产厂商代码，由厂商申请，国家分配；

第 9~12 位，共 4 位数，对应该条码的 6017，代表着厂内商品代码，由厂商自行确定；

第 13 位，共 1 位数，对应该条码的 8，是校验码。

商品条形码一般分为 4 个部分，按 3-5-4-1 分，第一部分代表国家，第二部分代表生产厂商，第三部分代表厂内商品代码，第四部分是校验码（由前面 12 位数字计算而得到。当条形码的数字输入错误时，就会和校验码不一致，这样就能立即发现错误，从而避免不必要的损失）。

商品条形码校验码的计算过程
例如：
6 9 5 6 5 1 1 9 0 7 8 9 2
13 12 11 10 9 8 7 6 5 4 3 2 1
(9+6+1+9+7+9)x3=123
6+5+5+1+0+8=25
123+25=148
150 大于且最接近 148
150-148 =2
1. 从右往左给数字依次编号。
2. 将序号 12、10 、8、6、4 、2 所对应的数相加，所得的和再乘 3，得到 A。
(9+6+1+9+7+9)X3=123（A）
3. 将序号 13、 11、 9 、7、 5、 3 所对应的数相加，得到 B。
6+5+5+1+0+8=25（B）
4. 将得到的两个数相加，得到 C。
123+25=148（A+B=C）
5. 用大于 C 且最接近或等于 C 的整十数减去 C，其差就是校验码。
150-148=2
原来校验码是这样算出来的呀。

哇！太神奇了，学会新技能了！
这些数字到底是怎么变成这种条形码的呢？
这得多亏人类的伟大发明——二进制。

我只听说过十进制，二进制又是什么?
二进制其实就是满 2 进 1 的运算，所以运算中只有 0 和 1，这不正好可以表示条形码中的涂与不涂吗？条码的黑色条表示二进制的 1，白色条代表 0。
十进制怎么转为二进制呢?
对于十进制整数转换为二进制整数，采用的是“除 2 取余，逆序排列”法。

7 196399 22070?

亲爱的小朋友们，请你们运用所学的知识计算一下左边条形码的校验码，动手试试吧。

9 二维码的“前世今生”

购物消费扫个码，交友通信扫个码，乘车识别扫个码……真的是码码不离身。
星星，二维码与条形码有什么区别吗？

相比于只在一个维度上携带信息的条形码，“二维码”在水平、垂直两个维度上都携带了信息。二维码存储的容量比一维码大。

二维码既能存储数字、字母，又能存储图片、音频、视频等。据不完全统计，全球每天至少要消耗 200 多亿个二维码。

二维码由很多个矩阵组成。我们常用的就是 25 乘以 25 的矩阵，也就是总共 625 个方块。除去定位用的方块和纠错用的方块等，还剩 478 个方块。经过一系列复杂运算后，可以组成 2 的 478 次方的各不相同的二维码。

这么多，完了，说不定哪天就没有二维码了。
二维码究竟多久可以被用完呢？

假设全球 70 亿人，每人每秒钟用掉一个这样的二维码，那么用完这些二维码至少需要几十亿年。所以按照我们现在所理解的二维码，可以用无穷无尽来形容，根本不需要担心被使用完。

即使在未来真的把所有的二维码都使用完了，那我们还会有三维码、四维码来代替二维码。

温馨安全提醒：切勿见码就扫！

使用二维码时，需时刻保持警惕，如果随意扫描了不正规来源的二维码，那我们可能会成为不法分子传播恶意网站、发布虚假信息、盗窃银行卡信息等手段下的受害者。

因此大家一定要增强财产安全意识，切勿见码就扫！

数学脑洞

小朋友们，请在右边的空白格子里画一画这个二维码。赶紧动手画吧，完成后用手机扫一扫，你会发现很神奇。

10 稻米香万年

咕噜——
好饿呀。
咕……
谁这么没出息，到点肚子就开始响闹钟啊。

呃……
哈哈哈……你是在说你自己没出息嘛。
你们俩别闹了，是到吃饭点了，肚子饿得咕咕响也是正常的嘛，走，我们吃饭去。

据估算，我国每年浪费食物总量折合粮食约1000亿斤，相当于3.5亿人一年的口粮。联合国粮食及农业组织数据显示，2021年，全世界多达8.28亿人面临饥饿，饥饿人口主要分布在非洲、亚洲、拉丁美洲及加勒比地区。2022年，45个国家和地区的总计约2.05亿人处于“危机”级别或更严重级别的粮食不安全，人数较上年大幅增长。

那为什么不多种一些粮食呢？或者种一些产量高的水稻呢？
你想的问题，大约在60年前，袁隆平爷爷就已经开始研究了。
既然袁隆平爷爷那么早就开始研究了，那研究得怎样呢？

我们可以去湖南长沙隆平水稻博物馆一探究竟！
好耶！大家准备好了吗？我要启动穿梭号了！

哇！你们看，那建筑好特别啊！好像香香的瓜子仁。
我觉得像是稻谷，那可是隆平水稻博物馆啊。
各位游客，大家好！我是本次为大家服务的讲解员大米。隆平水稻博物馆，位于湖南省长沙市芙蓉区人民东路，占地面积约 2 万平方米，总建筑面积 1.8 万平方米，主体建筑面积 1.1 万平方米，是一座地方专题类博物馆。整个博物馆的灵感来自水稻，从空中俯瞰，隆平水稻博物馆 5 栋形态别致的主体建筑的外观仿佛 5 颗饱满的“稻粒”，建筑排列成绽放的稻花形状，寓意五谷丰登。这是世界首个以水稻为主题的博物馆，通过视频、照片、实物等，立体诠释我国悠久的稻作文化和农耕文明。

稻米香万年
“稻米香万年”啊？这里的稻米难道可以香10000年吗？好想尝尝这么香的米饭啊。
趣趣，给你猜个谜，猜出来就给你饭吃。“水田里面绿油油，果实多得像星斗，金秋季节穗变黄，银珠藏在壳里头。”是什么？
哈哈哈！水稻呗！
我已经迫不及待要进去看看啦！
稻，是人类最早驯化和栽培的粮食作物之一，也是最重要的粮食作物之一，全世界有二分之一的人口食用稻。稻的总产量居世界粮食作物产量第三位。中国是世界上水稻栽培历史最悠久的国家，早在六七千年前原始居民就已经种植了水稻。水稻的种植不仅养育了众多的人口，也对人类的定居生活、城市的形成与发展，以及文明的诞生，都起着难以估量的作用。

什么？不是只有动物才能被驯化的吗？原来植物也能被驯化的啊！
嗯……远古时代的人们是以采集、狩猎为生，他们所采集的食物中，就有野生稻。在长期劳作中，人们逐渐掌握了野生稻的习性，将它们驯化成栽培稻。
哇！这些农具真落后，估计也干不了什么。
可千万不要小看这些农具，搞不好这就是当时的“高科技”呢！
有道理！在几千年的历史长河中，农业技术和耕作制度不断发展，以满足一代代人不断增加的粮食需求。
水稻作为中国的主粮之一，其起源一直是世界的争议焦点。在印度、日本、越南和韩国这些地方都曾有过稻谷遗存的发现，距今大概 2000 至 3000 年，其中印度的距今更是有 6500 年，这一度使得学者们认为稻谷的种植源于印度，但是这个争论随着浙江河姆渡遗址的发现，画上了句号。
浙江发现的古稻田遗址，距今约 6700 年至 4500 年。它是目前世界上发现最早、面积最大的古稻田，遗址内还形成了完善的灌溉系统。
我们一起来算一算中国种植水稻比印度大概早多少年，比其他国家大概早了多少年吧！

6700-6500=200

	千	百	十	个
	6	7	0	0
-	6	5	0	0
		2	0	0

6700-2000=4700

	千	百	十	个
	6	7	0	0
-	2	0	0	0
	4	7	0	0

6700-3000=3700

	千	百	十	个
	6	7	0	0
-	3	0	0	0
	3	7	0	0

经过计算，我们发现中国种植水稻比印度早大约 200 年，比其他国家更是早了 4000 至 5000 年呢！

试着写下来，给我们分享一下吧！
你有什么计算技巧或计算注意事项吗？

11 一稻济天下

原来我们碗里的米饭历史那么悠久啊！
好好了解一下。
水稻的种植技术肯定是越来越厉害了，产量也越来越高了吧？
哟，这回你说对了！
照这样说来应该不用为粮食发愁了吧？
这是多方面因素决定的。我国在过去很长一段时间，都面临着非常严重的温饱问题。袁隆平院士带领着团队研究杂交水稻，努力提高产量，一生都在为所有人吃饱饭而努力。

2019年，我国谷物自给率超过95%，中国人均粮食占有量达到470公斤左右，比1949年的209公斤增长了126%，高于世界平均水平。
现在，我们已经衣食无忧，那么，杂交水稻到底有多牛呢？
我们已经实现米饭自由了吧！
不光如此，袁爷爷带领团队还培育出了海水稻呢！
海水稻？那是把水稻种在海里吗？种在海里那岂不是要被鱼给吃掉！
“海水稻”并不是生长在海里的水稻，而是一种抗盐抗碱性的水稻，所以又称为耐盐碱水稻，可在沿海滩涂的盐渍地和我国东北、华北、西北内陆一些盐碱地里生长。

不知道海水稻是什么味道？是不是咸的呢？好想尝一尝啊！
我猜，虽然叫海水稻，但应该不是咸的！
被你猜中了！在口感上，海水稻米和市面上的非海水稻大米差别不大。海水稻米并不是咸的，根据不同的种子，会在口味、软硬、甜糯等维度有不同表现。
你们看，这有一个“杂交水稻世界”联动装置。
“一稻济天下”，“东方魔稻”果然名不虚传啊！
哇！世界地图上40多个国家和地区都点亮了。
“禾下乘凉梦，一梦逐一生。”袁隆平爷爷是用毕生努力成为杂交水稻的追梦人。

小朋友们，水稻以约占粮食总面积$\frac{1}{4}$的播种面积，贡献了近 32% 的产量。其中 50% 左右是杂交水稻。我国用全球 7% 的耕地，养活了世界近$\frac{1}{5}$的人口，约 14 亿！（数据来源：中国科技网）你能用自己喜欢的方式来表示世界人口的$\frac{1}{5}$和水稻播种面积约占粮食播种总面积的$\frac{1}{4}$吗？

是不是可以用画图的形式呢？
我试试！
怎样可以一目了然呢？

【范例】

世界人口的$\frac{1}{5}$

水稻播种面积约占粮食播种总面积的$\frac{1}{4}$

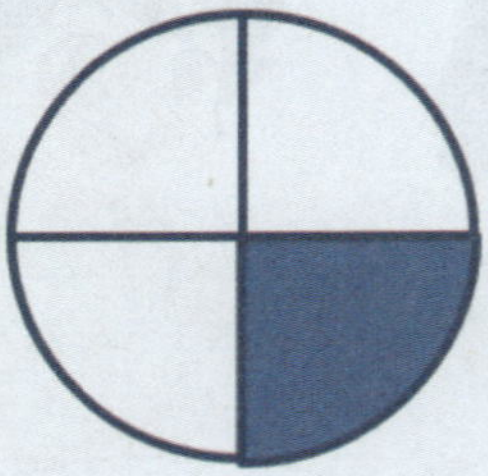

小朋友们还可以用什么方式表示出分数呢？

数学脑洞

小朋友们，你能用自己的方法表示出我国杂交水稻产量占全国粮食总产量的几分之几吗？（提示：水稻产量是全国粮食总产量的$\frac{4}{10}$，而水稻产量的一半是杂交水稻）

12 稻田探秘

隆平水稻博物馆
LONGPING RICE MUSEUM
啊呀！我们现在可谓是“手中有粮，心中不慌”啊！哈哈哈！
是啊！难道那么多的稻田种出来的稻米都一样多吗？
那当然不是！水稻种植和水分、温度、光照等很多因素有关，在不同地点、不同时间都会有差异。
不如我们去海南三亚水稻国家公园寻找答案吧！
好耶！又有玩的咯！

小朋友们，你们好！欢迎来到三亚水稻国家公园。
水稻国家公园
这些稻田好整齐啊！有正方形、长方形，里面的水稻排列得也是整整齐齐的。
这些水稻排列得如此整齐是有什么规律吗？每株秧苗的距离都是一样的吗？
不如我们用尺子量一量。
我测量的每行是 30 厘米。
我测量的每棵水稻株距是 10 厘米。

为什么秧苗之间的距离都是这样的呢？这个距离难道有什么讲究？
这个问题提得好，稻田里秧苗行距 30 厘米，株距 10 厘米，这是经过密度对照实验得出来的。其实，这个株距 10 厘米还是从原来 11.6 厘米调整过来的呢！虽然看起来只是细微的调整，但这 1.6 厘米的改变却使得每亩水田能多栽种 2000 株秧苗哟！
那为什么不把行距 30 厘米也改为 10 厘米呢？这样岂不是可以栽种更多秧苗，产量绝对又是翻倍的呀！
没那么简单！
是的，过高的栽种密度反而不利于秧苗健康生长，最终适得其反。

我非常好奇，这些粮食产量数据都是怎么测算出来的呢？
来来来！我给大家揭秘测产流程。

首先要对田地进行编号，然后专家进行绕田察看，了解示范田播种期、抽穗期水稻生长情况以及大致的产量等情况，并观察示范田是否有病虫害，再按产量高低分成 1 类田、2 类田、3 类田，从每一类测试田中各选出一块面积不小于 500 平方米的田，作为测产田块。

那收割的方式是人工吗？用人工收割，稻谷损耗应该会小一些吧？
我们采用机器收割。相较于人工收割，机器更符合现代农民种粮方式，测出来的产量更真实。

收割完了就是称一下多重了吧?
可是还得知道收割的田地有多大才对啊!
是的!要先测量面积,工作人员会用皮尺对收割后的田进行测量,精准测量实际收割面积。然后就是称重了。
称重环节应该是最激动人心的时候。
还没到呢!先将收割机中的稻谷清理出来,装袋后进行现场称重,测出稻谷总重量。此环节现场操作十分谨慎,因为现场湿谷子的重量,将决定后面稻谷烘干后的产量。

还要去杂和测量水分。从称重后的每一袋稻谷中取一小部分作为样品，去除样品中的杂质（秸秆、稻叶等），计算含杂率。除杂后的样品用水分仪进行水分测量。

这下应该到了激动人心的最后环节吧？

是的！最后就是现场计算结果并进行公布。用稻谷总重量、稻谷含水量、含杂率、稻谷收割地总面积 4 个数值进行计算。

产量结果计算

第一步：计算每亩鲜稻谷重量 = $\frac{\text{实割鲜稻谷重}}{\text{实际收割面积}} \times 666.7$

第二步：折算成标准含水量 13.5% 的产量

每亩鲜稻谷重量 ×（1- 实测水分含量）= 实际亩产 ×（1-13.5%）

因此，实际亩产 = $\frac{\text{每亩鲜稻谷重量} \times (1-\text{实测水分含量})}{1-13.5\%}$

注：（1）666.7 平方米 =1 亩地的面积；

（2）13.5%是国家规定的稻谷标准含水量。

这么深奥啊！我都搞糊涂了！还是吃饭这件事情我最清楚。
你可真行。
你在哪都不忘了吃。

小朋友们大家好，在三亚水稻国家公园有一块长方形的稻田，长是 33 米，长比宽多 13 米。

研究人员为了保证测产数据更准确，需要扩大测产稻田的范围，把长和宽分别扩大到原来的 3 倍。

小朋友们，请帮忙算一算扩大后稻田周长是多少米吧。

答案：

原稻田宽：33-13=20（米）

扩大后的长：33×3=99（米）

扩大后的宽：20×3=60（米）

扩大后的稻田周长：（长＋宽）×2

=（99+60）×2

=159×2

=318（米）

根据条件，我们可以通过“长是 33 米，长比宽多 13 米”求出原来的宽是 20 米，再通过“把长和宽分别扩大到原来的 3 倍”分别求出扩大后的长和宽是多少，最后根据长方形的周长公式就能算出扩大后的稻田周长了。

数学脑洞

如图所示，有一块长 9 米、宽 6 米的长方形稻田，需要按照行距 30 厘米、株距 10 厘米的要求进行播种，请你画一画可以怎么安排秧苗。一共可以播种多少株秧苗？

13 万米高空击落 U-2

这是 U-2 高空侦察机，是 20 世纪 50 年代美国洛克希德公司研制的高空战略侦察机，1955 年 8 月首飞。
机械科技，我的最爱。

高空侦察机是不是
飞得很高，我们都
发现不了呢？
用雷达应该可
以发现它！

那到底能飞
多高呢？
最高能飞到约 25000 米
的高空，当时号称永远不
会被击落。

那是真的没有被击落过吗?
当然不是，U-2 高空侦察机被我国击落过，而且还击落过 5 架呢!

快说说，我们当时
是怎么击落的？

1962 年 1 月，U-2 高空侦察机开始对我国上空进行侦察，人民空军展开反侦察斗争。9 月 9 日，1 架 U-2 飞机从台湾桃园机场起飞，以 2 万米的高度进入大陆上空。当它进入地空导弹第二营火力范围时，指挥员抓住战机，沉着指挥，顷刻间导弹腾空而起，当即将其击落，飞机坠于南昌东南 15 公里罗家集附近。

那么高打下来的飞机，看上去虽然破旧，但还算是完整哦！
从在南昌击落第一架开始，一直到1967 年 9 月，共击落 5 架 U-2 型侦察机。这架飞机残骸是由 4 架飞机残骸拼成的，主体为第 4 架。而且第 5 架飞机还是由首款国产地空导弹——红旗 2 号击落的呢！
这真是了不起的胜利啊！

这也太激动人心了！

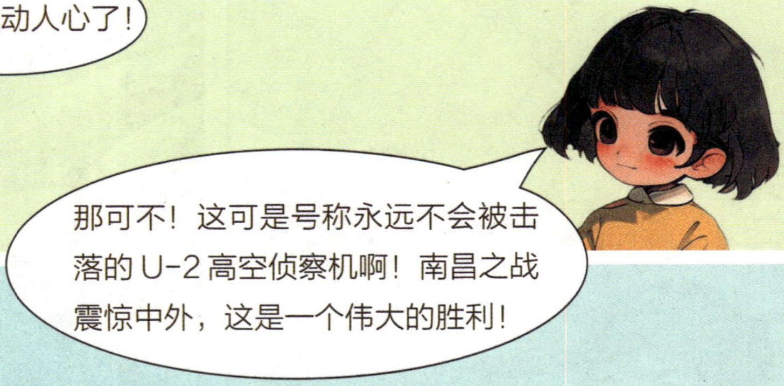

那可不！这可是号称永远不会被击落的 U-2 高空侦察机啊！南昌之战震惊中外，这是一个伟大的胜利！

主要战术技术性能（U-2R 型）

机长：19.1 米

翼展：30.9 米

机高：4.8 米

航程：5633 千米

最大飞行时间：8 至 9 小时

最大升限：27430 米

最大速度：821 千米 / 时

数学脑洞

一架 U-2 高空侦察机开展侦察活动，巡航速度为 692 千米 / 时，在飞行 3 小时后被击落，用你喜欢的方式表示出这架飞机共飞行了多少公里。

答案：

我们现在已经知道了这架 U-2 高空侦察机在侦查时的飞行速度和飞行时长，可以通过速度 × 时间 = 路程，来求出飞行的总路程。

692 × 3=2076（千米）

14 长命轮胎

真奇怪！这里有个破旧轮胎。
一只看似破旧的轮胎竟然被中国人民革命军事博物馆精心馆藏，居然还用玻璃罩给保护起来了，它来自哪里？

这个轮胎可不简单哦！你们看轮胎周身弹孔表明了其非凡经历，它还有一个响亮的名字，叫“长命”轮胎。
能和功臣号坦克、王海驾驶过的米格-15战斗机、功勋鱼雷快艇等声名显赫的馆藏文物享受同样的待遇，应该是不简单。
轮胎也能长命百岁了吗？
看来这轮胎还真的不能小看了！
“长命”轮胎可不简单，它来自一辆嘎斯-51汽车，1952年6月至1953年12月，志愿军汽车兵刘铭驾驶嘎斯-51汽车安全行驶了41000公里，可以说“长命”轮胎是抗美援朝战场上钢铁运输线的见证者，更是志愿军将士百折不挠精神的见证者。

“嘎斯 -51”这个名字好奇特啊！
很“机动”的名字！
光听“嘎斯 -51”汽车这个名字，我猜想应该是国外生产的汽车吧？

是的！嘎斯 -51 汽车也叫 GAZ-51，是苏联在 1946 年到 1975 年期间生产的一种 2.5 吨级 4 × 2 中型卡车，在朝鲜战场上作为志愿军运输部队主力的汽车之一。
嘎斯 -51 成为许多人生命中第一辆汽车，也是他们心目中最爱的一款车。

不过，在战火中安全行车谈何容易啊！
那嘎斯-51可是立下汗马功劳啊！
当然，它可是有着“抗美援朝第一功勋车”的称号哟！

是的，当时美军针对志愿军的交通运输线进行绞杀，刘铭所驾车辆的轮胎一次次中弹，又一次次补好上路，因而有了“长命”的美誉。

那志愿军运输物资除了要应对复杂的路况问题，还要躲避头顶的飞机绞杀，这个难度是非比寻常啊！

那是肯定了！如果志愿军运输部队需将一批物资紧急送往前线，为确保准时送达，原本载重 2.5 吨的嘎斯 -51 型汽车当时严格限载 2 吨。

请小朋友们想一想，如果派两辆车装以下这些军用物资，要怎样装车才能一起运完，而且还不超载。

武器
800 公斤

油料
700 公斤

给养
1000 公斤

弹药
900 公斤

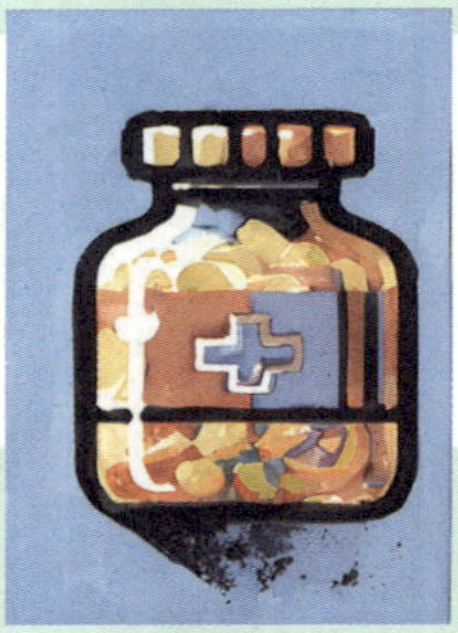

药品
500 公斤

数学脑洞

小朋友们，我们学习了质量单位——吨、千克和克。但是趣趣一直在想一个问题：质量不就是平时我们所说的重量吗？为什么书上要写质量单位，而不是重量单位呢？老说质量，多别扭啊！聪明的小朋友，你能帮助趣趣解答一下这个问题吗？

答案：

我们知道1公斤=1千克，1吨=1000千克。根据要求，1辆车载荷不能超过2吨，那就是说运载的物资合起来要小于或等于2000千克。如果将武器、油料、药品合在一起就正好是2000千克，给养和弹药合在一起就是1900千克，这样安排就符合题意了。

图书在版编目（CIP）数据

数学悦读奇幻之旅. 5, 千龙吐水 / 本书编写组编著. -- 南昌：百花洲文艺出版社, 2024. 6. -- ISBN 978-7-5500-5685-5

Ⅰ. G624.503

中国国家版本馆CIP数据核字第2024QF8277号

数学悦读 奇幻之旅 5 千龙吐水

SHUXUE YUE DU QIHUAN ZHI LÜ 5 QIAN LONG TUSHUI

本书编写组 编著

出 版 人　陈　波
策划编辑　赵　霞
责任编辑　叶彤彤　黄　鑫
视觉设计　山海观
绘　　画　李佳琳　杨芷欣　李双奇　余艺歆
版式设计　周璐敏
出版发行　百花洲文艺出版社
社　　址　南昌市红谷滩区世贸路898号博能中心Ⅰ期A座20楼
邮　　编　330038
经　　销　全国新华书店
印　　刷　江西骁翰科技有限公司
开　　本　787 mm × 1092 mm　1/16
印　　张　6
字　　数　60千字
版　　次　2024年6月第1版
印　　次　2024年6月第1次印刷
书　　号　ISBN 978-7-5500-5685-5
定　　价　32.00元

赣版权登字　05-2024-126

邮购联系　0791-86895108
网　　址　http://www.bhzwy.com
图书若有印装错误，影响阅读，可与承印厂联系调换。